NOUVELLE BIBLIOTHÈQUE JUNIOR

Bernard Friot

Foulard

Cornelsen

Sans toi, ça ne va pas.

Place vide à côté de moi, vide, vide, vide. Il y a des kilomètres entre moi et le reste de la classe. Juste le dos de Lucas devant moi. Je pose mon sac à dos sur la chaise à côté, sur ta chaise, tu parles d'une compagnie.

Depuis combien de temps est-on ensemble, toi et moi ? Depuis le deuxième trimestre du CP quand Mme Delibes t'a installée près de moi parce que tu bavardais trop avec Malika.

Ensuite tu as bavardé avec moi. À l'école primaire, puis au collège, depuis la sixième. C'est pour être avec toi que j'ai choisi allemand première langue.

Jamais on ne t'a séparée de moi. Je sais parler en ouvrant à peine les lèvres. Et puis on se passe des petits papiers, on se sourit, on parle avec les yeux. Non : on souriait, on parlait avec les yeux.

Tu n'es plus là.

Tu t'es séparée de moi.

Sans toi, ça ne va pas.

Je continue à tout te dire, tout ce qui me traverse la tête ou le cœur. Je le dis sans le dire, bouche fermée. Yeux fermés aussi, puisque tu n'es plus là, à côté de moi.

Ils t'ont renvoyée.

Le prof principal l'a annoncé à toute la classe, sans nous regarder. Il avait la main gauche sur son carnet de notes et il fixait un point au-dessus de nos têtes. Il a dit :

– Après deux heures de délibération, le conseil de discipline réuni hier soir a exclu votre camarade Samira pour avoir refusé d'ôter son foulard à l'entrée du collège. Une loi a été votée interdisant le port de tout signe religieux à l'intérieur des établissements scolaires. La loi doit être appliquée. Pas de question ? Pas de commentaire ? Alors, prenez votre manuel à la page 117.

Non, il n'y a pas eu de question, pas de commentaire. On le savait déjà. Depuis la veille, la nouvelle avait circulé, par téléphone, par SMS, de cage d'escalier en cage d'escalier. Juste parce que c'était excitant, parce que, peut-être, la télé, les radios se dérangeraient. Même pas : tu n'es pas la première à être exclue d'un collège ou d'un lycée. Ça n'intéresse plus personne, maintenant.

Et puis ça faisait un mois que tu n'existais plus vraiment. Trois jours après la rentrée, le principal t'a appelée dans son bureau, t'a ordonné d'enlever ton foulard. Tu as refusé. Il t'a reléguée dans une petite salle, à côté du CDI. Une remise, sans fenêtres, meublée de rayonnages métalliques chargés de vieux manuels.

Tu n'avais pas le droit de sortir pendant les récréations, même pas le droit d'aller aux toilettes. Il ne fallait pas que quelqu'un te croise dans les couloirs.

J'allais te voir. Dès que la cloche sonnait, je me précipitais. La documentaliste, Mme Arnold, me souriait quand je passais devant elle. Toi, au début, tu parlais, tes yeux noirs bougeaient sans cesse, lançaient des éclats. Et puis, peu à peu, ça s'est éteint. Sur tes épaules ta tête était lourde, ou bien était-ce le foulard qui te pesait ?

Entre nous, un mur de silence s'est bâti. Je ne l'ai pas vu grandir. Quand je suis allée te voir, ce jour-là, le jour de l'exclusion, tu n'as pas voulu me voir.

Pourquoi tu me punis, moi ?

Quand je vais chez toi, tu t'enfermes dans ta chambre et moi, je reste avec ta mère, dans le salon, je la regarde coudre, tailler les tissus brillants et sombres, épingler des pièces découpées sur le mannequin usé, je l'écoute se lamenter sur toi, et j'ai un grand vide à la place du ventre.

– Mais pourquoi, hein, pourquoi elle fait ça ? D'abord si elle était une bonne musulmane, elle obéirait à ses parents. Et moi, je lui dis : les études d'abord. Ici, c'est pas l'Algérie. Au collège, ils veulent pas le foulard, alors tu mets pas le foulard. C'est pas ça qui t'empêche d'être une bonne musulmane. Être musulman, c'est là, dans le cœur.

Et elle se frappe le cœur, ta maman, du plat de la main. Je vois les épingles accrochées à son corsage, la main tape juste à côté, mais ça me fait mal, à moi, ça me fait mal, oui, j'ai l'impression qu'elle me donne un coup de poing dans le cœur.

Qu'est-ce que je t'ai fait ?

Tu dois entendre ce que je dis dans ma tête, car tu allumes la radio dans ta chambre. Du reggae, je reconnais, un vieil enregistrement de Bob Marley.

Ta mère casse avec ses dents un morceau de fil.

– Tiens, marmonne-t-elle, si elle est si bonne musulmane, pourquoi elle écoute de la musique, hein ?

– Mais moi, Madame Belkhir, pourquoi elle ne veut pas me voir ?

Ta mère, alors, lève la tête vers moi et me regarde par-dessus ses lunettes.

– Ah, Claire, je ne sais pas, soupire-t-elle, je ne sais pas. Elle est en colère, on dirait. Contre tout, contre tout le monde. Contre elle, aussi. Parfois, j'ai l'impression qu'elle veut se punir. Mais de quoi ?

Un silence. Et puis ta mère prend une aiguille, passe un fil dans le chas en plissant les yeux.

Je me lève, je vais jusqu'à ta porte, je frappe, pas très fort. Je sais que tu n'ouvriras pas. Je dis seulement :

– Salut.

Et je m'en vais.

En rentrant chez moi je croise Amina, ta sœur aînée. Toute vêtue de blanc. Longue robe, veste longue, et foulard soigneusement drapé autour du visage. Elle s'arrête, me dit bonjour, me parle. Je souris, réponds mécaniquement, des mots sans importance.

Est-ce que c'est à cause d'elle que tu fais ça ?

Et puis Sarah arrive. Sarah et Amina, c'est comme toi et moi, deux copines, deux sœurs, il n'y a pas vraiment de mot pour ça.

Sarah est en jeans et pull noirs, longs cheveux noirs au vent. Elle prend Amina par le bras et elles s'éloignent toutes les deux en riant.

Pourquoi Amina a-t-elle le droit de porter le foulard à la fac ? Et pas toi au collège ? Ça ne sert à rien que je me pose la question. Une question de plus dans ma tête, pour m'embrouiller davantage.

Je les ai regardées toutes les deux, de dos. Amina la blanche, femme aux courbes douces et mouvantes, et Sarah la noire, fille en droite ligne, légère et décidée. On aurait dit qu'elles ne marchaient pas à la même vitesse, et pourtant elles avançaient côte à côte, au même pas.

Moi, je me sens proche d'Amina. C'est drôle, non ? Pourtant je ne l'aime pas, ta sœur, c'est à cause d'elle, ton foulard, je suis sûre. Mais j'aime bien sa façon de s'habiller. Je porte des jeans, comme tout le monde, parfois avec une robe par-dessus. Tu te moques de moi parce que je ne suis pas très grande et que j'ai les hanches larges. Tu trouves que ça ne me va pas. En fait, j'aimerais porter de longues jupes ou des robes serrées à la taille. Quand je vais chez ma grand-mère, je passe des heures à essayer ses vêtements.

Elle garde tout dans ses armoires. Même sa robe de mariée. Une fois, j'ai eu le droit de la mettre, avec le voile.

Je sais, ça n'a rien à voir.

C'est à cause de Dieu, ton foulard, et à cause de ta sœur, je suis sûre.

Dieu ? Je n'y crois pas, moi. J'allais à l'église avec mamie, quand j'étais petite. C'était amusant, le prêtre dans ses beaux habits, les chants, les cierges, se lever, s'asseoir, s'agenouiller, faire le signe de croix. Mais maintenant, non, je ne veux plus y aller.

Pourquoi on n'a jamais parlé de Dieu, toi et moi ? Ça ne me regarde pas, n'est-ce pas ? Je croyais qu'on était amies, qu'on se disait tout, et en fait tu avais des secrets pour moi. Depuis quand, hein, depuis quand ?

Je veux que tu reviennes. Je ne supporte plus la place vide à côté de moi ; quand même je la défends. Pas question que quelqu'un s'assoie sur ta chaise, étale ses livres sur ta moitié de table. Sofian a essayé. En maths, pour pouvoir copier sur moi, je suppose. J'ai secoué la tête, il n'a pas insisté. J'ai fixé son dos tandis qu'il retournait au premier rang, à sa place. Il s'est retourné, m'a lancé un regard. Triste. Non : triste et doux.

Aujourd'hui, j'ai gravé ton prénom sur la table, avec la pointe du compas. Rassure-toi, j'ai mélangé les lettres pour qu'on ne puisse pas comprendre du premier coup. MARIAS, voilà, c'est ta marque, c'est ton signe, et personne ne peut s'installer à côté de moi, sauf toi.

J'ai pensé graver aussi mon prénom, sous le tien. CLAIRE. J'ai essayé d'inverser les lettres : RACLIE, LICARE, CIRALE, ERICAL. Ça sonne mal. Je n'aime pas mon prénom. Il va trop bien avec mes cheveux blond fade, mon teint clair, les taches de rousseur autour de mon nez. Il m'éloigne de toi. Claire et Samira, ça ne va pas ensemble.

Je ne parle à personne. À la récréation, je continue d'aller au CDI. Je prends une BD ou une revue et je fais semblant de lire. J'ai la tête trop encombrée pour lire vraiment, trop de colère aussi. Contre toi. Contre eux. Peut-être contre moi.

Hier, Mme Arnold est venue s'asseoir près de moi, au CDI.

– Comment va Samira ? a-t-elle demandé.

Sans la regarder, j'ai répondu :

– Bien.

– A-t-elle trouvé une autre école ?

– Elle va suivre des cours par correspondance, je crois.

– Tu pourras l'aider ? a-t-elle demandé encore.

J'ai hoché la tête.

– Bien sûr, ai-je murmuré.

Pourquoi ai-je menti ? À cause de toi, Samira. J'ai serré la BD que je feuilletais contre moi, très fort, comme un bouclier. Pour me protéger de quoi ? De toi ?

Mme Arnold s'est levée.

– Si elle a besoin de livres, pas de problème, tu peux emprunter tous les documents qu'il lui faut.

Je n'ai pas répondu. J'aurais voulu me vider la tête. Ne plus penser à rien. Ne plus penser à toi.

Je veux que tu reviennes. Ce n'est pas compliqué, non ?

Je suis folle. Je te parle à longueur de journée. Dans ma chambre, je sors tout ce qui me fait penser à toi. Les peluches que tu m'as offertes, les cartes postales que tu m'as envoyées. Et les photos. Des dizaines de photos qui nous montrent ensemble, à six, à huit, à dix ans, à la danse, à la bibliothèque, au centre aéré, en classe verte, à mon anniversaire. Et je ne vois que tes cheveux, noirs, épais, luisants, libres ou attachés, natte ou queue-de-cheval.

Dieu, il doit être rudement content de les voir. C'est lui qui les a faits, tes cheveux, non ? Les miens, au contraire, ce n'est pas une réussite. Il n'en est sûrement pas très fier, là-haut. Pour les fabriquer, il a pris des restes de paille, je parie, et un peu de filasse.

C'est moi qui devrais cacher mes cheveux, pas toi.

Je ne comprends pas, je ne comprends rien. Je ne veux plus me casser la tête à cause de toi. Tu ne m'intéresses pas.

D'un geste de la main, je balaie toutes les photos. Elles volent dans la pièce, retombent sur le tapis, sur le lit. Je jette contre l'armoire le lapin en peluche, le singe et la tortue, je les regarde tomber, étonnés. Tu m'énerves, tu m'énerves. Oui, tu fais l'intéressante, comme dit mon père. Tu te laisses influencer, manipuler, par Amina ou je ne sais qui.

Je parle même au miroir de la salle de bains. Tu vois comme je suis atteinte. Ce n'est pas mon reflet que je vois devant moi, c'est toi. Je prends une serviette de bain, je l'enroule autour de ma tête, je la noue sous mon cou, je passe mes yeux, mes sourcils au crayon noir et je suis toi, Samira.

Mes cheveux sont cachés. Ils sont noirs comme les tiens, peut-être, épais et brillants. Non, les taches de rousseur me trahissent, et ma peau trop blanche. Claire au teint clair, que personne ne voit, que personne ne remarque. Je suis ton ombre, Samira, et toi mon soleil.

Je me regarde dans la classe : fille voilée, déguisée.

Quand même, ça me donne une idée.

Je passe la main sur mon visage, du bout des doigts je caresse mon front, mes joues, mon menton.

Je le ferai, oui je le ferai.
Pour toi.

Ce matin, quand ma mère est partie, je suis allée fouiller dans son armoire. Elle a trois foulards : un gris clair, en soie, avec des motifs chinois. Celui-là, je ne l'ai pas pris ; il appartenait à sa grand-mère que je n'ai pas connue. C'est un souvenir. Et puis un rouge et vert, de grandes taches dans tous les sens. Trop voyant. Le troisième est blanc crème avec quelques traits noirs, discrets. Je l'ai déplié, il a frissonné un peu sous mes doigts. Je l'ai tendu devant moi, j'ai fermé les yeux pour sentir son odeur, faibles parfums, citron et violette.

Je me suis enfermée dans la salle de bains. J'entendais mon père, à la cuisine, remuer la vaisselle dans l'évier. Il ne fallait pas qu'il me voie, surtout, qu'il me pose des questions. Je pouvais le faire, mais pas l'expliquer.

J'ai posé le foulard sur ma tête, j'ai croisé les pointes sous mon cou. J'avais l'air d'une petite vieille de la campagne. Toi, quand tu caches tes cheveux, tu parais plus jeune, à cause de la rondeur de tes joues, du brillant de tes yeux.

J'ai essayé de me souvenir comment tu drapes le foulard autour de ta tête, comment tu enfermes l'ovale du visage par une ligne de tissu exacte, précise, sans un cheveu qui dépasse. Je ne t'ai vue qu'une fois mettre le foulard. C'était au mois de juin, une semaine avant les vacances. Tu m'as montré le foulard blanc que ta sœur t'a offert pour ton anniversaire. Tu l'as jeté sur ta tête, et puis … je ne sais plus. Tu avais l'air sûre de toi, j'aurais dû comprendre, me méfier, ou te parler au moins. J'ai cru que c'était un jeu, et j'ai ri avec toi.

Tant pis, j'ai noué le foulard comme j'ai pu, je l'ai fixé avec une épingle, j'ai vérifié qu'aucun cheveu ne dépassait. Dans la glace, j'avais l'air d'une idiote, vraiment, et j'ai eu peur de mon propre courage. Alors, j'ai éteint la lumière et j'ai pensé à toi.

Je veux que tu reviennes.

Je suis partie au collège. J'avais un sweat-shirt bleu marine à capuche sur mon jean brodé de lettres noires et blanches. Heureusement, il faisait gris ce matin, des restes de brouillard avalaient l'éclairage peureux des lampadaires.

Devant le collège, j'ai évité de croiser les regards. J'ai franchi le portail lentement ; le cœur me sautait à la figure, mes jambes flanchaient. C'était Amélie qui contrôlait les entrées. J'ai levé les yeux vers elle, j'ai attendu qu'elle m'interpelle, elle m'a laissée passer sans réagir. Je me suis arrêtée à trois mètres, certaine qu'elle allait me rappeler. Non.

J'ai continué, emportée par le mouvement. Dans la cour, je me suis assise à l'écart, près du garage à vélos. Alice a posé son sac à dos devant moi, s'est baissée pour en sortir une barrette. Elle a remonté ses cheveux, les a fixés. Elle m'a jeté un regard, a dit :

– Ouais, c'est pas mal, ton truc sur la tête, ça te vieillit. Tu as fait les exos de maths ?

C'est tout.

Dans le couloir, en montant en cours, Sofian a mis la main sur mon épaule. À l'oreille, il m'a soufflé :

– Tu es folle, pourquoi tu fais ça ?

J'ai tourné la tête vers lui, j'ai plongé dans ses yeux, si profonds, si calmes. J'ai lâché :

– Devine !

Et j'ai avancé plus vite, pour que sa main lâche mon épaule.

Pourtant je l'aime bien. Je l'aime bien. Je l'aime bien. Et j'aime bien penser que je l'aime bien.

Je suis entrée en salle 221, cours de français. Tu te souviens, le mardi de 8 à 10, on a français avec Pelletier ?

Rien. Il ne s'est rien passé. Je me suis assise, troisième table, rangée du milieu. À côté de toi, qui n'es pas là. Le prof n'a rien vu, rien dit. À dix heures, à la récréation, j'ai pris mon temps pour ranger mes affaires. Il a ouvert la fenêtre, a sorti un paquet de cigarettes de sa poche, un briquet.

– Dépêche-toi, a-t-il dit, ça a sonné.

Je suis sortie. Quelques élèves dans le couloir. Je dépasse un petit groupe, je me cogne à un 3ème qui monte l'escalier en courant. Personne ne réagit, personne ne remarque le tissu qui emprisonne ma tête.

C'est comme si je n'existais pas. Toi, le foulard t'a désignée au milieu de tous, rebelle et interdite. Moi, il me rend invisible, inutile.

J'aurais dû le savoir : pour toi et pour moi, ce ne sont pas les mêmes règles.

Je suis allée au CDI. Mme Arnold était absente. Une surveillante la remplaçait. Installée derrière la banque de prêt, elle feuilletait une revue.

Il n'y avait que trois élèves au CDI, deux 6èmes et Léa de 4ème C.

– Tu as mal aux oreilles ?

C'était ironique, apparemment. Pas sûr. J'ai haussé les épaules.

Sofian a ouvert la porte du CDI, s'est arrêté sur le seuil, m'a aperçue, s'est approché. Trois secondes de silence et il a parlé.

– À quoi tu joues ?

– Je ne joue pas.

Je regardais devant moi. Un coin de ma bouche souriait, pas l'autre. Nouveau silence. Je n'ai pas compté les secondes. À ce moment-là, tu étais loin de moi, Sa-mira.

Il s'est éloigné. Je ne l'ai pas vu refermer la porte derrière lui. J'ai attendu une minute, je suis sortie à mon tour.

Salle 114, histoire-géo, Mme Epenoy.

J'ai croisé Alice et Rosine.

– Epenoy est absente, on va en perm, ont-elles annoncé.

C'est là que je me suis décidée. Je les ai suivies jusqu'au préau, et puis j'ai tourné à droite, vers le bâtiment de l'administration. J'ai poussé la porte en verre. Je suis entrée au secrétariat. Il n'y avait personne. Je me suis assise sur une chaise dans le couloir. La principale adjointe, Mme Tréville, est passée devant moi. Elle a fait encore deux pas, s'est immobilisée et, lentement, au ralenti, s'est retournée.

– Claire ?

J'ai levé les yeux, me suis mordu les lèvres.

– Claire ? a-t-elle répété du même ton étonné, interrogatif.

J'avais les lèvres et la tête fermées, cadenassées. Je voulais seulement que ça finisse.

– Viens dans mon bureau, a dit Mme Tréville.

J'ai obéi. Elle a fermé la porte derrière moi, a poussé vers moi le fauteuil en cuir devant son bureau.

La suite, les détails, je te raconterai plus tard, Samira. Je suis fatiguée maintenant.

On a parlé, Mme Tréville et moi. Enfin, surtout elle. Elle a parlé de toi, de moi. Elle m'a expliqué, la loi, le foulard. Mais ça, je le savais. Les adultes croient toujours qu'on ne réfléchit pas, qu'on ne s'informe pas.

Ce n'est pas parce que je ne comprends rien que je ne réfléchis pas.

Mais c'était bien de l'écouter.

À la fin, elle a dit :

– Je suis désolée, mais il faut que je prévienne le principal.

Elle est partie. Je l'ai entendue toquer au bureau en face.

Elle est revenue deux minutes plus tard. Avec le principal.

Voilà. J'attends. Ils ont prévenu mes parents. Ma mère va venir.

Je n'ai pas enlevé le voile.

Ils m'ont enfermée dans une petite pièce, celle où les profs reçoivent les parents. Je n'y suis venue qu'une seule fois, en sixième. Le prof d'allemand avait convoqué mes parents.

Il y a une table, trois chaises en plastique rouge, des étagères vides, une plante verte. Et une grande fenêtre. Je vois la cour vide, le portail.

J'attends.

Je n'ai plus peur.

Je suis délivrée de quelque chose qui me serrait partout, surtout là, sur la poitrine.

Le principal a crié, a menacé. La principale adjointe a discuté, expliqué. Moi, je me taisais.

J'attends.

Je n'ai plus peur.

Un homme en bleu de travail traverse la cour, se dirige vers le réfectoire.

Je ferme les yeux. Je respire très fort.

J'ouvre les yeux.

Je te vois.

Tu es de l'autre côté du grillage, près de la porte d'entrée. Samira. Pantalon noir, parka noir et foulard blanc.

Sofian est avec toi. Il te parle, tu regardes devant toi.

Non, tu lèves les yeux. Tu me vois. Oui, tu agites un bras. Sofian regarde aussi vers moi. Il a la bouche entrouverte. Il enlève sa casquette, l'agite.

Alors je me lève. Par-delà la vitre, par-delà la distance, je te vois, tu me vois, et lentement je dénoue le foulard, le laisse tomber à mes pieds. Tu secoues à peine la tête, tu passes la main sur ton front. Sofian me sourit, oui, il me sourit, à moi. Et il enfonce sa casquette sur ta tête.

Tu ris.

Je ris.

Il rit.

J'arrive, Samira, j'arrive.

Bernard Friot est né près de Chartres en 1951, mais il a posé ses valises dans plusieurs villes de France et d'Allemagne. Il a été longtemps enseignant de lettres, professeur d'École normale, formateur d'instituteurs et, pendant quatre ans, responsable du Bureau du Livre de Jeunesse à Francfort-sur-le-Main. Il s'est installé depuis quelques années à Besançon où il se consacre à l'écriture et à la traduction.

Bernard Friot se définit comme un « écrivain public » : il a besoin de contacts réguliers avec ses jeunes lecteurs pour retrouver en lui-même les émotions, les images qui font naître ses histoires.

Il attache aussi une grande importance à la traduction de livres allemands
pour la jeunesse car, pour lui, la traduction est un travail de création aussi
noble et passionnant que l'écriture.
À ce jour, il a traduit plus de quarante
romans et albums.

Nouvelle Bibliothèque Junior

Bernard Friot · **Foulard**

Herausgeber	Thilo Karger, Klaus Mengler
Vokabelannotationen	Thilo Karger
Verlagsredaktion	Corinna Martin-Werner
Gesamtgestaltung und technische Umsetzung	Buchgestaltung+, Berlin
Umschlagfoto	Caro: © Hechtenberg

www.cornelsen.de

1. Auflage, 6. Druck 2022

Alle Drucke dieser Auflage sind inhaltlich unverändert
und können im Unterricht nebeneinander verwendet werden.

Druck: H. Heenemann, Berlin

ISBN 978-3-06-022703-7

PEFC zertifiziert

Dieses Produkt stammt aus nachhaltig
bewirtschafteten Wäldern und kontrollierten
Quellen.

www.pefc.de

PEFC/04-31-1156